VINCENZO NAPOLILLO

VINCENZO PADULA

SANTELLI EDITORE

Vincenzo Padula
di Vincenzo Napolillo
prima edizione: Ottobre 2018
© *2018*, Santelli editore

Santelli editore
Viale Giacomo Mancini 236,
87100 Cosenza
0984.406939
info@santellieditore.it
www.santellieditore.it

POESIA E PROSA DI VINCENZO PADULA

Vincenzo Padula, nato ad Acri (Cosenza) il 25 marzo 1819, da Carlo Maria e da Mariangela Caterino, «la più tenera delle madri», ebbe tre fratelli (Umile, Salvatore, Giacomo) e due sorelle (Cristina e Luisa). Degli abitanti di Acri egli scrisse che gli uomini erano «ingegnosi, sobri, provvidi, amanti della fatica e indefessi» e le donne erano «belle, ardite, graziose parlatrici e d'irresistibile seduzione». Il padre medico, che gli insegnò l'adagio: *Chi ha è, chi non ha non è*, lo accompagnò nel seminario di Bisignano a dieci anni. Qui studiò il latino e passò agli studi di filosofia nel seminario di San Marco Argentano. Egli conosceva bene le *Rime* e l'*Orlando furioso* di Ludovico Ariosto, la cui lettura era proibita, e imparò a memoria l'*Eneide* di Virgilio Marone. Vincenzo Padula era con gli altri seminaristi di San Marco sotto un castagno, quando vide passare una bella bruna di cui s'invaghì e per la quale scrisse la novella *Il primo amore*, pubblicata dal «Viaggiatore» di Domenico Mauro. Superate quelle voluttuose tentazioni, prese a 24 anni d'età l'ordine sacro a San Marco, il 10 giugno 1843, dal vescovo Mariano Marsico, diocesano di Policastro, indicato nella Platea della cattedrale come uomo di lodevole carità. Padula tornò da insegnante nei due seminari delle chiese della diocesi San Marco-Bisignano unite *aeque principaliter*, con bolla del 1818, da papa Pio VII Chiaramonti.

Il prete Vincenzo Padula scoprì i morsi eschilei della carne (Giuseppe Julia) ma non osò gettare la tonaca alle ortiche. Né la sua poesia è da considerarsi *oscena* (ammesso che l'oscenità generi arte), e neppure *ludico-erotica* (Scafoglio), come se fosse volgare passatempo. Scrive nella Prefazione alle *Poesie varie* (1878):

«So che i tempi sono avversi alle poesie religiose e, secondo me, hanno torto (…). Mi si dirà: il più dei lettori non crede. E buon pro lor faccia; ma ciò che monta? La Fede è necessaria a chi scrive la poesia, non a chi legge».

Padula, consapevole delle umane debolezze, rinnegò nella sua disciplina d'arte parecchie poesie libere pubblicate nei giornali (*Il cardello geloso*, *Le sette opere di misericordia corporale*, *Le lenzuola* ecc.) e alla fine si consegnò, umile e contrito, nelle braccia della Chiesa *mater et magistra*.

Ad uno scavo metodico della multiforme produzione di poesia, di giornalismo, di estetica, di linguistica, di antropologia, di prosa, la sua originale personalità appare piegata da un incomposto dissidio tra spirito e materia, piacere dei sensi e tormento del peccato, sospesa tra inferno o cielo (*enfer ou ciel*), per dirla con Baudelaire, «completamente coinvolta nel proprio spazio e nel proprio tempo», come mise in rilievo P. Salvatore Di Zenzo, nella presentazione del mio volume: *Ideologia e letteratura di Vincenzo Padula* (1980).

Ecco come Padula, appellato da Francesco De Sanctis «l'Ariosto della Calabria», si descrive efficacemente nella poesia, *Chi sono io?,* del 1845:

...Ed il mio cuor un diruto
Solingo monumento
Rassembra, dove il vento
Si ascolta lamentar;
E 'l mondo con sue glorie,
Con sue delizie care
Fuggevole ombra pare
Di sogno che sparì,
un enigma, un'insidia,
Onde Dio fe' presente
Al cuore ed alla mente
Dell'uom, cui maledì.
Ed odio; e l'amichevole
Sorriso un tradimento
Parmi, o di amor già spento
La lugubre beltà.
Così fra due contrari
Moti il mio cuor si piega,
Ora bestemmia, or prega,
E pace mai non ha.
Rendi, a me rendi placido,
Rendi tranquillo il core,
Dissi spesso al Signore,
Ed il Signor m'udì.
Non ti lagnar, risposemi,
Se ti creai poeta,
Un'anima inquieta
Ei debbe aver così.

Vincenzo Padula, anima inquieta, rimase ligio alla fede religiosa e impegnato costantemente nella ricerca del perdono di Dio, che dà conforto e innalza.

LA NOVELLA IN VERSI

Francesco De Sanctis prese in esame i poemetti in versi di Vincenzo Padula, *Il monastero di Sambucina* (Bruxelles, Societé Belgique de Librairie, 1842) e *Valentino* (Palermo, 1845), per negare al giovane scrittore la coscienza di artista, ammettendo però che in lui c'era *un'ispirazione vera, che vi dà l'impressione di cose celesti, alle quali il poeta aspira.*

Il critico irpino collocò Vincenzo Padula nel *Romanticismo naturale calabrese*, impegnato, al contrario di quello «convenzionale» di Napoli, a ricercare i miti e gli eroi di un mondo primigenio e selvaggio, a esprimere situazioni sentimentali estreme ed eccessive, a scavare nelle energie istintuali, nelle tradizioni antiche e nei costumi di un «popolo forte».

Francesco De Sanctis tenne una specifica lezione universitaria, che si legge in *Letteratura italiana del secolo XIX*, su Vincenzo Padula, su Giuseppe Campagna, su Domenico Mauro e su altri poeti che fiorirono in Calabria nel periodo di grandi mutamenti storici che va dal 1830 al 1870.

Secondo l'illustre critico le ombre della maniera poetica sparirono dalla Calabria dove si affermò la sincerità e irregolarità delle passioni in antitesi alle mollezze dell'ambiente culturale napoletano.

La distinzione tra scuola calabrese e quella di Napoli, dove parecchi calabresi andavano a completare gli studi universitari, è rifiutata da Umberto Bosco, che riconosce «alla scuola calabrese» non tanto un valore prettamente letterario, quanto un valore spiccatamente psicologico-sociale. Mario Sansone, pur negando una letteratura romantica calabrese «improntata da una tradizione locale o facente essa stessa tradizione», ha ammesso l'esistenza di una *scuola di Calabresi*, ridotta cioè a questione anagrafica e ad episodio particolare della letteratura napoletana. In poche parole, Padula e compagni erano calabresi di nascita, ma napoletani di formazione.

Comunque stiano le cose, Vincenzo Padula fu un personaggio di notevole rilievo per la sua voce vigorosa e di naturale bellezza nella produzione poetica dell'Ottocento meridionale.

Padula portò nella poesia motivi romantici europei e li congiunse sapientemente con quelli della realtà popolare.

Le protagoniste della storia che si svolge, in sei canti di ottave ariostesche, tra le mura del monastero di Sambucina di Luzzi (che in verità fu abitato dai cistercensi e mai da monache), sono due giovani, Eugenia e suor Teresa, e la vecchia badessa, che vive in una stanza che «di vita angelica e di pace / esala soavissima fragranza». Vincenzo Padula siede pensoso fra le deserte rovine della Sambucina, dove il dramma prorompe come il tuono sovrastante i monti di Luzzi:

O agresti solitudini, o pinete,
O monti della Sila cosentina,
Che l'estrema reliquia possedete
Del monastero della Sambucina,
Col rumor della caccia altri le quete
Ombre vostre profani, e l'eco alpina;
Giovane io sono di più mite ingegno,
Amo le Muse, e a meditar qui vegno.

Eugenia è la figlia del peccato, che vive e dorme nel lettino dove spirò la propria madre: Gabriella. Questa era fuggita con l'amante e spesso faceva ritorno al convento, dove aveva lasciato la sua figlia. I giorni infelici di Eugenia sono consolati da suor Teresa, costretta a espiare in convento la propria colpa d'aver «gustato gioie troppo fugaci» e amato l'uomo, che è diventato il confessore del monastero, al quale ella si confessa e sviene quando in lui ravvisa il fantasma delle sue notti insonni. Ella desidera esternare i suoi sensi e ricevere comprensione, vuole abbracci e tenerezze, brama sollievo fisico e spirituale:

Deh! abbracciami, diceva, Eugenia mia,
La dolente Teresa, orsù m'abbraccia;
Sulla mia bocca la tua bocca stia,
S'intreccino le tue con le mie braccia.
E l'altra rispondea: Deh! quando fia
Che simile il mio petto al tuo si faccia,
E si gonfi e si parta anch'esso in due
Acerbe pome, come son le tue?.
Ed un soave brivido Teresa
Della fanciulla al carezzar si sente,
La qual dal sonno a poco a poco presa
Sul sen le resta con la man pendente,
Mentre l'altra, che aveale al collo stesa,
Se ne distacca ancor languidamente,
E già dorme, e già suona il suo respiro
Come d'aura odorata alterno spiro.

Francesco De Sanctis leggendo questi versi arricciava il naso e gridava allo scandalo:

«Tutto questo è profanazione, troppa natura, troppo senso; è il poeta che penetra troppo nella sua concezione».

Mentre il monastero tace e l'urlo del vento riempie la notte scura, la Badessa racconta la storia dolorosa di Gabriella, nata a Luzzi «da casa non men ricca, che onorata», ed eleva - con lo stuolo di tutte le monache - all'«alma innocente» di Eugenia, che vola verso «il regno eterno ove il gioir non cessa», un canto che risuona lieve e maestoso sotto la superba costruzione gotica della chiesa:

Felice, ché vere - ritrova al destarse
Le immagini belle - nel sogno comparse!
Felice, chi il letto - dov'era addormita
Cercando, si trova - con Cristo riunita!
Sia il canto sommesso - sia il passo leggiero,
Perché non si svegli - dal sonno profondo
La bella fanciulla - che parte dal mondo.

Vincenzo Padula, ingegno vivace, nella novella in versi *Il monastero di Sambucina*, si fa interprete di problemi e riferimenti che assillano la vita claustrale, giungendo a un poetico risultato di non secondaria importanza, che traccia il percorso di una non episodica tensione morale e religiosa, che tempera drammatiche situazioni e laceranti dissidi interiori.

Nella successiva novella in versi, anch'essa in ottave e in sei canti, *Valentino*, Vincenzo Padula, senza negare l'ascendenza di Byron, combina il gusto della leggenda popolare con la propria fantasia inventiva. Egli porta sulla scena una truce vicenda di delitti e di rabbrividente incesto e una società calabrese con forti passioni allo stato primitivo.

Il protagonista è Valentino, frutto d'impuri abbracciamenti e pieno di selvatica bellezza, preso da lasciva fiamma d'amore. Egli diventa brigante alla ricerca del padre per prendersi tremenda vendetta di lui. Lo incontra in veste di frate con la bisaccia e le pupille «mansuete e sante». Intesa da lui la verità della propria nascita, lo uccide con un pugnale nel petto.

Valentino ama d'insano amore Antonietta, sua sorella, verso la quale manifesta una morbosa gelosia che non ha limite.

Se essermi non puoi sposa, esser non dèi
D'altri, che amarti al par di me non sanno.
Oh! la mia gelosia tu non la sai:
Ucciderei finanche chi ti ammira,
chi la bellezza tua guarda e sospira.

Antonietta fugge con l'amante Leonetto. Valentino li ritrova, in un luogo dove sta spirando il padre, e si avventa contro Leonetto, ma il colpo fatale viene parato da Antonietta, che si è messa tra i due litiganti:

Se non che la fanciulla isbigottita
Col suo fe' scudo al seno dell'amante,

e cadde - e l'uccisor quando ferita
vide cadersi la fanciulla avante,
la contemplò, tremò, privo di vita
parve anch'egli un momento, e quindi urlante
infranse l'arme, maledisse Iddio,
La man ch'errò si morse, e disparìo.

Valentino, tutto immerso nella tristezza della propria sventura
e privo di fede in Dio, si getta in acqua, con il peso delle sue
nefandezze e del sacrilegio familiare:

Poi con ambo le mani al petto irsuto,
Guardò il ciel, guardò lui,
Rise e nel fiume
Precipitossi e lo coprir le spume.

Valentino è un personaggio, come avverte Vincenzo Julia,
«che ci attira e disgusta, un miscuglio di luce e di tenebre, un
carattere ributtante sì, ma indimenticabile, creazione della
musa di Padula, fiera e selvaggia ma sublime».

UCCISIONE DEL FRATELLO GIACOMO

Nel 1848, Padula visse la rivoluzione e predicò alla popolazione acrese i diritti alla proprietà privata e gli usi civici dei beni comunali usurpati dai proprietari, che si chiamavano «galantuomini», pur essendo disposti al furto, all'immoralità, alla falsificazione e persino all'omicidio. L'odio che la famiglia di Salvatore Salvidio portava a Vincenzo Padula e ai suoi fratelli fu di carattere politico, ma senza escludere un astio personale, poiché il prete di Acri dal pulpito della chiesa di San Domenico fece chiaramente capire il reo dell'incesto perpetrato nella nobile famiglia acrese.

Don Vincenzo Padula, come si legge nelle carte processuali, consultate da Paolo Alatri, fomentò l'abbattimento degli alberi dei terreni usurpati e istigò il popolo all'anarchia, secondo la testimonianza resa da Francesco Baroni.

La sera del 25 o 26 settembre del 1848, su mandato del barone Compagna e delle famiglie Salvidio e Baffi, Pietro Curcio di Trenta, capo dei sicuri, assalì il prete Padula, che gli aveva dato del cornuto, e lo percosse con un nerbo di bue. L'avvocato Giacomino Padula, accorso in difesa del fratello, fu ferito a morte con un colpo di fucile. Vincenzo Padula scrisse a Rossano, non celando l'imprudenza del fratello e il proprio senso di colpa, una corona di sette sonetti in morte del fratello Giacomo.

In me degli assassini eran l'armi,
In me rivolte. A che, fratello mio,

Toltomi essendomi tolto dal pericol io,
Corresti, quasi inerme, ad aiutarmi?

Son vivo, e a che pro? Se quind'innante,
Checché mi faccia, avrò la scolorita
Immagine di lui sempre davante,

Se il gorgogliare udrò di sua ferita,
E 'l suo grido di morte ad ogni istante,
Questa, ahimè lasso!, si potrà dir vita?

La Gran Corte Criminale di Cosenza condannò Pietro Curcio
a 19 anni di ferri.

L'ORCO E SIGISMINA

Vincenzo Padula compose in buona parte nel 1849 il poemetto *L'Orco. Leggenda d'un Vecchio* (pubblicato postumo da Attilio Marinari), in cui egli ritrae un peccatore ribelle, nemico del cielo e scomunicato, costretto a vivere pellegrino sulla terra e a soffrire l'amara condizione dell'uomo privo della gioia di avere una donna vicino a sé o una «moglie allato»:

Io sono l'Orco: la vecchia matta
con lo spavento del nome mio
addorme il pargolo che si racquatta
sotto le coltri con brividìo.

L'Orco è come il demone che rifiuta il celibato e la morale che identifica nel sesso il male e, bestemmiando Dio, grida vendetta eterna:

Deh! Quale gioia a me di quel potere
sterile e vano, ch'ei ci aveva concesso?
Novelli astri formar, novelle sfere,
nuovi mondi produr n'era permesso:
ma io no, non dividevo il mio piacere
con una donna che mi stesse appresso,
ma quei mondi, e quegli astri erano spenti,
senza amor, senza riso e senza accenti.

Ciriegina, lasciata sola e reietta in mezzo a una natura selvaggia e inospitale, accende con le sue grazie gli amori dell'Orco, lo intenerisce col canto e gli dice confortevoli parole:

Pur io penso, che Lui, che l'ampia volta
curvò del cielo e in mezzo pose il sole,
diverse grazie ma egualmente care
ha seminato in terra, in cielo e in mare.

Nicola Misasi, nella conferenza accademica su «La poesia erotica di Padula», ricordava che il prete di Acri, da poco scomparso, in vita aveva giurato sull'altare l'abominio delle gioie terrene ed aveva predicato contro i vizi del cuore e della carne; eppure era rimasto, «senza ipocrisia, senza velo, senza reticenza un poeta dell'amore» e, in particolar modo, «un altissimo poeta del senso». Il crociano C. Faggiano osservò che Misasi aveva indicato l'influsso di Shakespeare, che «creò tutto un cielo e tutto un interno di passioni e di caratteri», ma non aveva tenuto conto del difetto fondamentale del prete di Acri, che fu

«di Afrodite devoto e gagliardo alunno, senza pudori e senza scrupoli, bramoso di voluttà e di carne, più che di squisitezze sentimentali e di amore».

Nei frammenti di *Sigismina* è presente un mondo di miseria e di sofferenza, costituito da contadini e da una «femminea schiera» di popolane, le cui canzoni risuonano, con mille sensi d'amore e d'ira, da un lido all'altro del mare Jonio.

Vincenzo Padula nel 1850 prese ad andarsene ramingo facendo non l'agitatore ma l'aio, ossia l'istitutore, in casa del barone Luigi Cosentino, poi in quella della famiglia Ferrari a Policastro e, nel 1853, in casa del barone Berlingieri di Crotone.

Rifugiatosi negli studi, Vincenzo Padula si accinse, nel 1851, a tradurre l'*Apocalisse* di S. Giovanni in versi polimetri, portando la tesi che il cristianesimo e il pensiero liberale avevano in comune le istanze sociali e politiche. Giosue Carducci trovò «gradevole» la lettura dell'Apocalisse, che più che traduzione era piuttosto «rifacimento di fantasia commossa».

Padula fu incarcerato a Napoli, nel 1854, a causa di alcuni versi del componimento *Il Natale*, in cui incitò il popolo a uscire «dal sonno» e ad affidarsi a «nuove lotte». Gli fu proibito di concorrere alla cattedra universitaria.

Dedicatosi al giornalismo, fondò, assieme a Carlo de Cesare e ad altri, *Il Secolo XIX* (1856), allo scopo di scrivere e fremere d'ira. Notevole successo ebbe il suo scritto satirico *Studi sugli Asini*, dove egli mise a nudo - con arguzia e brio - le piaghe sociali derivanti dall'ignoranza e affermò che in questo mondo il genio è «la saggezza sotto le vesti della pazzia».

Crollato il regime borbonico, Padula ebbe l'insegnamento di Lettere italiane al Liceo "Bernardino Telesio" di Cosenza, grazie a Silvio Spaventa e a Francesco De Sanctis, ministro della Pubblica Istruzione.

Nel 1861, egli diede vita al periodico di centro-sinistra, *Il progresso*, da cui si distaccò poiché si attestò su posizioni di moderato liberalismo dicendo che il suo vero partito era quello «della libertà, del progresso, dell'Italia una e indivisibile».

Fatta l'Italia (e non ancora gl'Italiani), si trovò a combattere gli estremismi di destra e di sinistra in nome del liberalismo. Nel *Bruzio* dell'11 maggio 1864, egli scrive:

«Una rivoluzione può farsi per amore di novità, per utile proprio, per soddisfazione di vendetta, e non sempre per liberalismo. Liberale vuol dire educatore, benefattore del popolo, promotore della morale e della civiltà».

IL BRUZIO

Vincenzo Padula pubblicò *Il Bruzio* dal 1° marzo 1864 al 28 luglio 1865, con il quale combatté una bella battaglia civile a favore della Calabria. Alcuni pennivendoli asserviti agli agrari gli fecero una sordida lotta. Trascinato in un processo, Padula fu costretto a cessare la vendita del giornale, significativamente alla vigilia delle nuove elezioni. Nel suo bisettimanale, ricco di originali materiali d'informazione e di documentazione, delineò il quadro della società calabrese soffocata dal conservatorismo e dall'egoismo delle classi abbienti e dai pregiudizi e dalle superstizioni della plebe. Orientò la sua indagine prevalentemente verso due filoni: uno dei mestieri e l'altro dei paesi, che egli desiderava diventassero comunità di persone e non semplici agglomerati d'individui. Padula, che non fu uno spirito provinciale, né un «comunista» ante litteram, si chiedeva dalle colonne del Bruzio:

«Che fanno qui tanti professori e magistrati? Come si provvede all'istruzione, alla sicurezza pubblica, alla giustizia, alla pulizia medica, all'igiene, ai lavori pubblici ed al commercio?».

Il Bruzio, che fu la «prima inchiesta» sulle condizioni del Mezzogiorno d'Italia dopo l'Unità, come notò Carlo Muscetta, rispose a queste domande e diede spiegazione dei motivi che provocavano il sottosviluppo calabrese. In quel tempo, Padula docente nel liceo classico di Cosenza «preso da un amore pazzo per il suo paese», si applicò a un'opera d'*incivilimento*, senza riuscirci, perché fu «perseguitato». In esso sostiene che la causa o il rimedio dei mali calabresi non è sempre il governo ma è anche la supina obbedienza e rassegnazione del popolo ai soprusi e alle ingiustizie. Egli scrive:

«Ci manca il costume, l'energia, la coscienza delle nostre forze, la vita. E poiché questa vita rinasca, bisogna studiare le nostre condizioni, e lo stato delle cose».

Nello *Stato delle persone in Calabria* indaga i motivi della sofferenza umana o collettiva nell'intento di aiutare la sua gente a ritrovare l'energia e il senso d'identità. Il suo atteggiamento è di partecipazione più viva alla storia, ostacolata dai «galantuomini», che si distinguono in tre classi: *curiosi, vanitosi, importanti.* La lotta per la terra e la richiesta di distribuzione della terra ai contadini, che s'incrocia con la questione del brigantaggio, conferiscono ai suoi scritti giornalistici una dimensione terragna, indissolubilmente legata ai bisogni e ai fatti concreti, allo «stato delle anime» delle province calabresi. Benedetto Croce definì gli scritti paduliani sul Mezzogiorno d'Italia «stupendi di pensiero e di forma».

Padula mise in rilievo la «storia lacrimevole» della Calabria e le condizioni disumane dei ceti contadini e subalterni. Egli rivive, con pathos politico-sociale, il calvario della gente povera e analfabeta. In un articolo dedicato al bracciante, mette a nudo la degradazione portata dalla miseria:

«Il bracciante attualmente non è uomo, ma un'appendice dell'animale. Lavora per mangiare, mangia per avere voglia di lavorare, poi dorme: ecco tutta la sua vita».

Il massaro è l'agricoltore che possiede una masseria, cioè un campo seminato. È corteggiato dal parroco, dai preti e dai monaci, che vivono delle sue elemosine. La moglie del massaro lavora di lana e di lino. È onesta, laboriosa e un po' superba.

«Il massaro mangia pane di segale e beve vino della vite erbina; coltiva il grano, per venderlo, non già per usarlo, tranne nelle festività».

Padula, uscendo da una nociva manifattura della liquirizia, pensa in cuor suo:

«Proseguite pure, miei cari signori calabresi, a far così inumano governo della povera gente; e poi gridate, ché ne avete ben d'onde, che vi siano briganti che vi sequestrano».

Padula mette di fronte due mondi diversi: i poveri e i notabili, in una incompatibile e permanente conflittualità morale. La sua denuncia è rivolta contro gli agrari, che con i loro mezzi abietti e vili, rendono agli altri la vita difficile e precaria.
Nel dramma *Antonello capobrigante calabrese*, pubblicato in appendice a Il Bruzio, osserva che i Fratelli Bandiera, alla cui fucilazione nel vallone di Rovito a Cosenza assiste il capobrigante di nascosto, volevano dare la Costituzione, mentre occor-

revano mille forche per mettere fine alle angherie di Brunetti e
di altri galantuomini,

«la cui vita è un delitto, la cui rapida fortuna è un arcano. La
loro prepotenza crea i briganti, la loro avarizia li sostiene».

Parecchi articoli sono dedicati al *brigantaggio* in Calabria, che
secondo l'inchiesta di Giuseppe Massari era lo sfogo alla delu-
sione e disperazione dei contadini poveri, privi di qualsiasi fi-
ducia nelle leggi e nella giustizia. Padula osserva che il fenome-
no del brigantaggio non nasce dai libri ma dalla fame e dalle
strutture di arretratezza delle campagne meridionali. Ma quando si rende conto che il brigante stesso si oppone alla massa
contadina e che il prefetto Guicciardi, che voleva portare la
pace nelle campagne, viene allontanato da Cosenza per interes-
samento delle forze della conservazione, non mette in discus-
sione le iniziative dello Stato liberale di reprimere la piaga del
brigantaggio con spietata severità, sia per conservare lo Stato
unitario contro gli elementi filoborbonici, sia per garantire la
legalità e l'ordine pubblico nelle nuove province.
La guerra «civile» fu vinta dai ricchi; e Padula, per evidenziare
la sua «piccola parte avuta nel '48 per aiutare l'italiano risorgi-
mento», continuò a mettere in pratica il suo progetto di «Studi
sulla Calabria», raccogliendo - nelle *Prose giornalistiche* (1878)
- un gruppo di articoli presi dal Bruzio e altri riguardanti «donna, costumi e credenze calabresi», l'opera di Domenico Mauro
intitolata «Allegorie e bellezze della Divina Commedia», poesia
e pittura, l'utilità dell'estetica come scienza, e recensisce l'ope-

ra di Max Muller soffermandosi sulla questione a lui cara dell'origine e della natura del linguaggio. A Giuseppe Migliaccio presenta la Sila come rifugio di bellezza e di calma per il suo animo inquieto.

«Vasto mare di campi, ove l'erba s'incalza come un flutto agitato, ove armenti clamorosi di cavalli e di buoi nuotano coi pingui fianchi tra l'odoroso trifoglio, ove un delizioso Casino sembra con sue mura bianche dipinto sul verde fondo d'un gruppo di pioppi, che sormontandone il tetto con le tremule cime imitano lo scroscio della pioggia che cade sul nostro capo: ecco la scena che mi si presenta agli sguardi. - E questa?- E questa è la Sila».

Hoc praemisso, Padula si mise alla ricerca di un sapere pratico, socialmente utile, e guardando lontano propose una scuola d'indirizzo scientifico-professionale. Nutrì anche la disperata speranza che in Calabria la miseria finisse e la bellezza rimanesse.

PADULA LATINISTA

Nel 1867 Padula fu a Firenze come segretario di Cesare Corrrenti, ministro della Pubblica Istruzione, fece ritorno poi a Napoli, dove continuò ad insegnare. Fra i suoi allievi si segnalò Salvatore Di Giacomo.

Padula, imbevuto di studi classici, riscontrò molti punti in comune tra la letteratura latina e quella italiana. Propose - da grande conoscitore del latino - la traduzione in italiano dei migliori autori dell'antichità e l'uso pratico della lingua latina, ai fini di una rinascita culturale e sociale nell'Italia unita, come quella prestigiosa dell'età di Augusto (*illorum tempestate aevum Augusteum visum fuit renasci*).

Nel 1871, furono pubblicati a Napoli presso Pasquale Audorisio due testi latini: *Quomodo Litterarum latinarum sint studia instituenda* e *Pauca quae sint in Sexsto Aurelio Propertio Vincentius Padula ab Acrio animadvertebat*.

Padula, emulando Properzio, fece una magnifica descrizione della festa di Montevergine.

La festa di Montevergine ricorre a Pentecoste ed è sempre la più attesa delle altre. Allora escono le Cinzie, allora si presentano le occasioni per le fresche spose e per le signorine di mostrarsi avvenenti e darsi un'aria intrigante e leggera (...). Ognuno piglia posto sul carro con la moglie e con i figli; non mancano i fanfaroni, né la meretrici, e le mezzane fanno sentire la loro assenza. In massa prendono la strada per Avellino e fanno a gara per sorpassarsi.

Ormai sono prossimi alla meta, e già possono scorgere la doppia vetta di Montevergine. Gridano tutti insieme, scendono dai carri, entrano in chiesa, assistono alle sacre funzioni e, dopo che hanno deposto le offerte e sciolto i voti, rinnovano gli antichi baccanali, prima di partire per Napoli da trionfatori. Vengono legati insieme fiori, fronde, mostaccioli, mazzetti di dolciumi e festoni contraddistinti da vari colori, su lunghe pertiche, che essi legano alle folte criniere e alle code dei cavalli, guarnite di campanelli, ciuffi e reste di pannocchie.

Le donne indossano due o tre sottane indurite con l'amido, in modo da fare gonfiare, senza misura, i vestiti di seta che le ricoprono. E dalle orecchie di alcune pendono ornamenti di corallo, di altre orecchini d'oro. Portano al collo anche catenine, alle braccia scoperte monili ornate di morbide ghirlande. Tutte risplendono per l'oro, sotto barbagli di sole, e tutte recano, come segno di partecipazione al rito, un tortiglione di castagne sul petto, dal lato destro al sinistro. Allora quante Cinzie e, davanti a loro, quanti patetici cascamorti, è dato di vedere! (...).

Dapprima s'inizia una gara di poesia, mentre la folla si divide in gruppi, ognuno dei quali sostiene i cantori. Com'è piacevole ascoltare e graditissimo vedere i concittadini di Stazio che, lasciati gli ami e le masse sulla spiaggia di Mergellina, rinnovano i prodigi di Stazio, cantando all'innamorata, come si fa a Napoli, a due o a solo, a voce piena. È incredibile quanta spontaneità sgorghi dai loro certami! La folla applaude i vincitori, riprende il cammino interrotto e si ferma di nuovo per le gare di corsa.

Ora è il vostro turno, o aurighi chiassosi! Ciascuno, per desiderio di vincere, ha raddoppiato la razione di avena. I cavalli nitriscono, drizzano le orecchie, mordono i freni, cacciano bava. I calessi, i carri e le carrette vanno a briglia sciolta; alcuni si capovolgono, altri si scontrano; si solleva all'aria un soffocante polverone, le donne ridono. All'improvviso tutti tacciono: la folla ha scorto il tuo santuario, o Madre di Dio, reso famoso dall'Arco e dal Mosca. Tutti si fermano per la terza volta; scendono dalle loro vetture e aspettano, in ginocchio, l'arrivo dei sacerdoti. E quando compare, chi mai può riferire quanti stendardi, quante aste, quanti drappi vengono alzati, per ricevere l'acqua lustrale, e quante preghiere di buon auspicio? Bagnati d'acqua santa, ma soprattutto fradici di vino, riprendono, alla fine, la via per Napoli (…).

Questo è il momento della Cinzie e dei Properzi! Si balla la danza sfrenata della tarantella, che i pugliesi chiamano così dalla tarantola. (…). Quante grida, quanti diverbi scoppiano nei fumi del vino, e quante risse! Quante mezzane e quanti ruffiani vengono presi in giro! Quanti mariti e fidanzati possono anche loro esclamare: «Che potevo farci, o Ligdamo, se anch'io ero perduto?» Con questo rito si svolge la festa di Montevergine».

Protogea, opera erudita di Padula, pubblicata nel 1871, parla dell'Europa preistorica abitata per prima dagli Ebrei, la cui lingua Padula apprese da solo. Secondo la sua tesi la Calabria protostorica conobbe la colonizzazione ebraica.

Nel «Manifesto d'una storia di Calabria», Padula accusa Domenico Martire, autore di *Calabria sacra e profana*, d'avere scritto uno «scartafaccio», privo d'impianto critico, che parte dalla creazione del mondo. A dire il vero, è il quadro storico di Padula difettoso e mancante di obiettività, anche se si deve ammettere che la Protogea offre un significativo esempio d'indagine allargata a un lasso di tempo assai lungo e messa in rapporto interdisciplinare con l'archeologia, la filologia e con altre importanti materie di studio.

POESIE

Vincenzo Padula, aiutato dai suoi discepoli a mettere insieme le sparse *Prose giornalistiche* e le *Poesie liriche* (1878), mise allo scoperto l'anima di uomo e di sacerdote anelante alla giustizia e al bello. Scrisse per vincere l'ignoranza e per aspirare a sublimi altezze. Nelle sue *Poesie* si odono echi di pura fantasia, palpiti d'amore, momenti religiosi di consolazione. *Amore, religione* e *patria* sono i temi che si conformano a una risoluta concezione estetica.

In cielo e in terra segue l'Arte l'orme
del visibile Bello e del Sublime;
poi dà, incarnando il suo soggetto in forme,
alma a le tele, a' marmi, alma a le rime.

Padula palpitò per la bellezza della donna, predicò le virtù cristiane, cantò l'inno per la patria, sperando di dare un volto nuovo alla Calabria e d'innalzare il realismo a categoria estetica. A muovere la sua immaginazione e il suo estro fu la donna, che suscitava in lui desideri sensuali mescolati con la delicatezza delle espressioni poetiche. Essa è ispiratrice di canti d'amore con le sue bellezze, che sono «tre montagne d'oro». Fu l'ultima delle opere di Dio, e però fu la più bella:

Un bel vaso è il suo cuore,
Ov'i pennelli, onde le cose ornò,
Iddio deterse;

Quindi il vario colore
Delle creature in cor di lei mischiò
Tinte diverse.
Tutte le tinte, tutte
Degli esseri le vite in lei riunir
Volle il Signore;
Qualità belle e brutte,
Ogni vizio e virtude, ogni giòir,
Ogni dolore.

Il sonetto caudato dedicato «Ad una grande attrice», scritto nel 1856 e dato «al Dottor chimico Antonio Maturi amicissimo dell'Autore», consegnatomi inedito dall'editore Carlo Maria Padula, che viveva a Roma, invoglia la donna a spogliarsi mentre l'occhio si posa altrove e spazia sul fascino del mito della bellezza, al quale l'inventiva paduliana si dedica spesso con originalità espressiva, seguendo slanci vitalistici e creando un brillio d'immagini.

Guerrier saio togliesti ed alla acerba
Tua spada parve ognun che il petto offrisse;
Regi panni vestisti ed ognun disse:
Troni degni di lei la terra serba?

Pastorella sedesti in mezzo all'erba
E teco parve il ciel che giù venisse:
Mille plausi eccitasti e mille risse,
E del pubblico amor fosti superba.

Or non andrai più oltre? O donna, io spero
Che tu mi ascolti (e il ciel gli occhi mi chiuda
Per non vederti, se io non dico il vero).

Se vuoi che la tua bellezza il cielo illuda
Se vuoi che dea ti adori il mondo intero
Quelle vesti a che pro? Mostrati ignuda.

In «Madre e figlia», Padula impartisce un ammonimento morale rispettoso della mentalità del secolo:

Figlia, per quanto la salute hai cara,
Guarda l'onor delle bellezze tue.
Erto monte è l'onore, e, te l'impara,
Chi ne discende non vi sale piùe.
L'onore ha un gran nemico
Nell'uomo traditore.
Così predica mamma, ed io le dico;
Mi guarderò l'onore.

Padula giace sul letto ma non trova riposo, sogna e vaneggia,
sente una vampa alle labbra e mentre delira più non vede:

Fu viperella dunque, o sergente
Colei che morsèti con aspro dente?
Ahi! non fu serpe, non viperella,
Ma il bacio, il bacio d'una donzella.

Nel «Telaio», Vincenzo Padula raggiunge compiutezza formale, crea scene di realismo romantico, accompagna il ritmo del lavoro con la musicalità delle ottave, costruisce la trama di maestosa bellezza con un favoloso gioco d'immagini popolaresche. I gesti, le finzioni, la mobilità delle mani e dei piedi, il modo di piegarsi, la voce di Maria ammaliante come una sirena, accompagnata dall'inebriante suono onomatopeico "Tricche! tracche! tra" del telaio, sono gli elementi che legano la pulsione sessuale alla purezza della fantasia, in un componimento poetico stupendo di cose e di sensi, di palpiti e visione amorosa. Il Telaio è l'esempio singolare del realismo paduliano, che ha una portata innovativa per il linguaggio che si concatena alla cultura popolare e a quella umanistica, raffinato da una solenne, armoniosa sostanza lirica.

Stava Maria seduta al telaretto,
Facendo risonar calcole, e spola:
Ed io, poggiato al subbio a lei rimpetto,
Così dicevo a lei solo con sola:
Quanto son vaghe le tue manine,
Quanta è vaga la loro mobilità!
Mani di fate, mani di regine.
Ed ella fece *Tricche! tracche! tra*!
Sembran due bianchi cumuli di neve
Che senza vento sopra i monti fiocca:
Si scioglierian di perle in una leve
Pioggia, al caldo baciar della mia bocca.
Son due bianchi colombi, onde correndo
L'uno all'incontro del compagno va,

Che batton l'ali, a becco a becco unendo,
Fanno tra loro *Tricche! tracche! tra!*
Quando ti pieghi poi, quando ti rialzi,
Come tornito quel tuo seno appare!
Palpita come spuma che ribalzi
Dall'onda crespa di commosso mare.
Piegati un poco più, piegati, o bella,
Perch'io possa mirar tanta beltà:
Sull'incude del core Amor martella,
e vi fa sopra *Tricche! tracche! tra!* (…).
Tessere un'ampia tela all'infinito
Bella, vorrei con te, solo con sola;
Saran trama i sospiri, e fian l'ordito
Mille sorrisi senza una parola.
Che bella tela, che leggiadra tela,
O giovinetta mia, quella sarà!
Potrà comprarsi a lume di candela.
Ed ella fece *Tricche! tracche! tra!*

La scioltezza della vena di Padula va cercata nella «lirica religiosa», dove egli aguzza gli artigli dell'aquila e con le sue manchevolezze e le sue fiamme amorose si raccomanda alla Madonna:

Santa madre di Dio, prendi il mio cuore,
stringilo nella tua celeste mano,
stringilo, e tutto ne sospinge fuore
quest'idolo pagano.

Incontenibile fu la sua devozione verso la Vergine Maria, sotto gli epiteti di Assunta, Concezione, Addolorata, cui elevò versi vibranti di fedeltà filiale e di sincera convinzione intellettuale. Alla «Madonna del Pilerio», figura di pilastro e protettrice del popolo di Cosenza (Plinio il Vecchio usa «pilleum» con significato di «protettore»), sono dedicate strofe scorrevoli che veicolano concetti precisi e chiari. Padula paragona la Madonna del Pilerio a una perla caduta sulla terra:

O santo nome, a cui d'intorno ancelle
Stan le parole delle lingue umane,
E braman teco unirsi, e farsi belle
Delle mille che hai tu bellezze arcane,
Altro idioma per cielo Iddio formò,
E il nostro ingegno intenderlo non può;
Pur, come perla che scintilla e suona
Quando si stacca dalla sua corona,
Da quell'idioma cadde a noi la pia
Voce: Maria.

Ma guardandosi intorno la Madre di tutti che cosa vede?

Popoli oppressi, e re tiranni miri,
Odi pianti, e singulti, odi sospiri,
E tal che ingiuria con la voce ria
Maria, Maria.
E questo è il regno tuo? Così corrotte
Alme possono offrirti un degno trono?
In questa che ci fascia orrida notte,

Deh! grida: Nata in questo giorno io sono.
Io di virtù, di libertà son madre,
Qua le spade, qua gli elmi: io sotto i piè
Spezzo le bighe dei superbi re;
Son ministra di tutte opre leggiadre,
E me chiama l'angelica armonia
Maria, Maria.

La religione fu la molla della vita e del pensiero politico di Padula, che gridò «Viva la libertà» e soffrì nel 1848 il «triste fato». Nel ritratto poetico «Per la contessa M. D. I.»., al seguito di Garibaldi, Padula si entusiasmò per l'impresa dei Mille:

Invitto è il brando dell'eroe Nizzardo:
Ma ad accendere i bellici furori,
È più potente assai, donna, il tuo sguardo.
Ei vince, e tu gl'intrecci al crin gli allori,
Tu conforti il caduto, e tu gagliardo
Rendi il vile, e gli gridi: O vinci, o muori!

Nel collegio di Verbicaro la sua candidatura (1872) non ebbe i suffragi necessari per essere eletto Deputato al Parlamento. Segno palese che il suo ideale di emancipazione civile e morale palpitava di lirismo, piuttosto che di decisivi risultati concreti.

POESIE DIALETTALI

La canzone dedicata a *San Francesco di Paola* è un'esercitazione scolastica in lingua dialettale, che piacque molto ai seminaristi di S. Marco e a Felice Greco, vescovo della città, che non punì l'alunno che aveva disobbedito agli ordini del prefetto di camerata. Poiché mons. Felice Greco morì in San Marco il 22 febbraio 1840, la lirica agiografica fu composta prima di tale data. Antonio Julia la raccolse in S. Marco dalla bocca di una popolana, nel 1892, e la mandò a Luigi Accattatis, che la trascrisse in buona parte nel «Dizionario dialettale calabrese». Il padre cappuccino Ilario Di Benedetto, studioso delle «Poesie religiose di Padula», avvisa che una copia apocrifa, datata 1854, si conserva nella Biblioteca Nazionale di Napoli.

Il giovane Padula s'inoltra nel vivo della vicenda terrena del Paolano, specchio di virtù, partendo dalla circostanza della nascita fino alla morte (*dies natalis*). Egli però ignora o trascura che a 13 anni il Paolano passò per compiere un anno di *famulatus* nel convento di S. Marco; che istituì l'Ordine dei Minimi (1435); che fu ambasciatore di pace in Francia (egli morì a Plessis -lès- Tours il 2 aprile 1507, all'età di 91 anni), dove si recò per volere del papa Sisto IV e dove ebbe grande influenza alla corte del re Luigi XI. Tutto questo potrebbe spiegare perché Padula, consapevole dei limiti del suo componimento giovanile, che rivela conoscenza della lingua dialettale, abilità tecnica e poca fantasia creativa, non tornò più sul tema e lo espunse dalla pubblicazione delle *Poesie varie* (1878), per evitare il giudizio negativo della critica accademica.

Francesco di Paola, figlio di Giacomo e Vienna di Fuscaldo, nacque il 27 marzo 1416. Sua madre, sterile da alcuni anni, si rivolse alla Madonna, che mossa a compassione le fece concepire un figlio candido come un giglio e fortunato. Francesco Martolilla passò i suoi primi anni di vita nella recita del Breviario e dell'Officio e nella continua orazione. Un giorno venne ripreso dal padre, che gli disse di non stare sempre in ozio e di farsi negoziante. Il giovane gli rispose:

Tata mia, guardami 'mprunti,
cà fai troppu spari i cunti.
Gesù Cristu m'ha allevatu
ccu llu sangu 'e d' 'u custatu,
e la bella Madonnella
ccu llu latte 'e d' 'a minnella.

Ed iu nun vuogliu fatigari,
ma li grazii m'acquistari,
e serbiennu ad ugne via
Gesù Cristu ccu Maria.

Il padre, sdegnato come un Lucifero, lo prese a percosse.

Tuttu misaru e dimiertu
Sampranciscu, povariellu,
si ni jetti a 'nu disiertu
a si fari monachiellu…

Llà si misi 'n penitenza

stava sempre 'njinocchiuni;
né cucina né dispenza
li conzava lu fiascuni.

Si facìa 'na minestrella
'e radici d'animali
s'a mangiava a 'na scutella,
ma senz'uogliu e senza sali.
'Na minestra di spinaci
'e vitarbi e di sc'cavina,
'e lapristi e pastinaci,
'e finuocchi e paparina.

Nel luogo deserto, che era proprietà della sua famiglia, egli si cibava solo di erbe, non mangiava carne né uova, né latticini e spesso digiunava come se fosse nel periodo quaresimale. Ogni sera ed ogni mattina si fustigava a sangue e gridava:

Ohi, Gesù Cristu!
Tu campasti affrittu e tristu,
e macari ti vinnìrunu
e di pazzu ti vestìrunu!

Salito in tanta fama, il Paolano s'incamminò lungo la via della Calabria e passò prodigiosamente lo stretto di Messina sopra il mantello non avendo soldi per pagare il barcaiolo.

Supra 'u mari, senza varca,
curaggiusu illu si 'mmaca,

e, spanniennu lu mantiellu,
si ni fa 'nu guzzariellu!
e lu mari si fa chianu,
ch'assimiglia 'nu pantanu!

Francesco costruisce conventi, compie opere di carità, vola in estasi:

Llà lu riccu 'mpovarisci,
llà lu povaru arricchisci,
llà cunsula sbenturati,
duna pani all'affamati,
va bestiennu 'ncudinula,
va pe' l'aria, vula, vula.

Egli viene scongiurato di liberare la sua terra dal terremoto, dal colera e dai conflitti, e di elargire prosperità e allegria. Giunto alla vecchiaia, Francesco non si lascia prendere dalla paura della morte, che accetta con animo sereno. La sua anima fra gli Angeli sale in cielo a contemplare il mistero della Trinità. Intanto Padula, riconoscendosi peccatore, prega e spera d'imitare il Santo in modo da entrare in cielo in braccio a lui.

La «canzunella» dialettale, nonostante le imperfezioni e durezze, costituisce l'annuncio delle qualità poetiche di Vincenzo Padula, che si accostò alla realtà popolare con fresco sentimento, spogliato di enfasi e portato a una linea di semplicità e di efficace prova di stile.

La *Notte di Natale*, scritta nel 1846 nel seminario di S. Marco (che prese l'appellativo di Argentano con delibera comunale del 1862 n. 74), è un gioiello della poesia dialettale, composta di tre parti distinte secondo l'uso metrico: la prima parte è di 27 sestine di ottonari, la seconda di 19 strofe saffiche, la terza di 7 ottave ariostesche. La narrazione della Natività di Gesù si muove tra l'immaginario popolare e la raffinatezza letteraria, libera da orpelli e pedanterie, fissata a una religiosità non intrecciata con elementi pagani e che colpisce e allarga il cuore. Spiccano nel componimento creature semplici, trasfigurate e armonizzate con le tinte e le figure del paesaggio.

In una fredda e buia notte di dicembre, flagellata dai venti di Levante e di Ponente, un vecchio intirizzito, di nome Giuseppe, con il bastone in mano (simbolo del pellegrino e del patriarca) e con un'ascia di falegname alla cintura, camminava sulla strada di Betlemme, in compagnia di una donna bellissima, come una rosa, senza un anello nuziale al dito, vestita di rosso (simbolo del sangue che sarà versato per la redenzione dell'umanità), al nono mese di gravidanza: *impleti sunt dies ut pareret* (Lc 2,6).

La donna ha una pancia rotondata da sembrare una barca carica di grano, che viaggia pianissimo per mare:

'N faccia avìa 'na rosicella
'A vuccuzza era 'n aniellu,
Ti paria 'na zagarella
Russa 'e sita 'u labbriciellu
Scocculatu e pittirillu,

Tali e quali 'nu jurillu.

Era prena 'a povarella,
Prena 'rossa, e ti movìa
Tunna tunna 'a trippicella,
Chi 'na varca ti parìa
Quannu, carica de 'ranu,
Va pe' mari chianu chianu.

Se non si considera il pubblico cui Padula si rivolge, la seconda sestina ha immagini che sembrano una grossolana e fastidiosa esibizione realistica, mentre invece esse completano la descrizione della figura della ragazzotta (*furracchiola*), che si chiamava la Madonna, e sono appositamente scelte per adeguarsi al gusto ricorrente e al linguaggio e alla mentalità del popolino.
La luna, apparsa fuori da una nuvola rotta dal vento, illumina la strada per salutare Maria,

così ben fatta
che una stella non Le sta a pari.

In una casetta di bifolco, la donna distesa su un mantello s'addormenta e sogna il paradiso con Santi e Angeli, che sembrano volere rapirla. È chiara l'allusione al mistero dell'Assunta! Quando ella si sveglia, si trova davanti il Bambino, che ripetutamente la chiama Mamma. Ella si mette in ginocchio, lo contempla amorevolmente e comincia un soave, rassicurante canto per fare addormentare il Salvatore dell'uomo peccatore.

Illa 'u guarda e 'njinocchiuni
Tutt'avanti li cadìa:
L'aduràu! Pu' 'na canzuni
Chi d'u cori li venìa
Ppe' lu fari addurmentari
'Ngignàu sùbitu a cantari.

Duormi bellizza mia, duormi e riposa:
Chiudi 'a vuccuzza chi pari 'na rosa!
Duormi scitàtu, ca ti guardu iu,
Zùccaru miu!

Duormi e chiudi l'occhiuzzu tunnu tunnu
Cà quannu duormi tu, dormi lu munnu;
Cà lu munnu è di tia lu servituri,
Tu sî 'u signuri!...

Dormi lu mari, e dormi la timpesta,
Dormi lu vientu e dormi la furesta,
E puru 'intra lu 'nfiernu lu dannatu
Sta riposatu...

Ah, nun chiàngiri, no! Picchì, o Bomminu,
Mi triemi cumu 'na rìnnina 'n sinu?
Ppe' mo, duormi scuitàtu: tannu, pua,
C'è mamma tua.

Supra li vrazza mia, supr'i jinùocchi

Zumpa, aza 'a capu ed apirèlli l'uocchi.
Quantu sî biellu! Chi jurillu spasu!
Dammi 'nu vasu!

La naturalezza della scena percorre il terreno della teologia, con la scorta dell'amore e della fede e conferisce all'inno una speciale rinomanza presso il popolo. È però inopportuno mettere a confronto Manzoni con Padula: il tema del Natale è lo stesso, ma nel primo si avverte un maggiore impegno meditativo e nel secondo una particolare suggestione descrittiva.

IL CULTO DELLA MADONNA DELLA CATENA

Vincenzo Padula scrisse una breve ed edificante "*Storia della portentosa immagine di Nostra Donna Maria della Catena nell'Eremitaggio di Laurignano nell'Arcidiocesi di Cosenza*" (Napoli, Tip. di R. Riccio, 1890), protestando «che quanto in essa si contiene, egli lo raccolse dalla pubblica fama e da parecchi documenti autentici, che gli furono fatti leggere da Frate Benedetto Falcone, di venerata ricordanza».

Antonio Scarcello, precisando in latino l'origine prediale dei toponimi Dipignano, Laurignano, Tessano in *-um*, attinente a un podere o a una villa e a tutto ciò che diciamo beni immobili, legge nella «Platea» di Luca Campano, arcivescovo di Cosenza (12 febbraio 1203 -11 luglio 1227), che la *ecclesia Sanctae Marie* di *Lauriniano* venerava la Madre del Signore sotto l'epiteto di *Assunta*.

Padula fa risalire il culto in Laurignano della Madonna della Catena, simbolo iconografico di colei che libera dalla schiavitù del peccato e ci riannoda a Gesù, al 1301, epoca del re Carlo II d'Angiò, detto lo Zoppo, e dell'arcivescovo di Cosenza Pietro Boccaplanula dell'Ordine dei Frati Minori. Egli racconta che, secondo la tradizione orale, un mendicante cieco, di nome Simone Adami, riacquistò la vista lavandosi gli occhi con l'acqua di una «fonticella». Aprendo gli occhi scoprì la luce del sole e in un dipinto «annicchiato nel muro volto a Oriente», l'immagine della Signora, che gli era apparsa in sogno, con il Bambino Gesù su una mano e con una catena di ferro sull'altra mano. La sacra immagine della Madonna della Catena fu esposta nella chiesa parrocchiale di Laurignano. Passati dodici giorni, il quadro fu riportato nel bosco e restituito all'antica e umile sua nicchia. E per proteggerlo dalle ingiurie dell'aria e della pioggia, fu costruito un «tabernacolo» e davanti a questo fu accesa una lampada.

Sempre più numerosi accorrevano i fedeli nel boschetto. Un tal Saverio Lentini, pazzo furioso, legato nelle mani e nei piedi, fu condotto nel pio luogo a recitare «le devote suppliche a Maria». Mentre pregava in ginocchio, una mano invisibile ruppe i legami o le catene di lui e sulla «fronte «spianata gli brillava la ragione».

Nel 1351, la prodigiosa immagine fu portata a Roma da padre Arcangelo del monastero florense di Santa Maria dei Martiri in Mendicino. Il pittore, che aveva cominciato a disegnare l'immagine sul muro della sua bottega, un giorno s'accorse che essa era stata completata senza opera del suo pennello (Acheropita). Nel viaggio di ritorno, la barca su cui c'era padre Arcangelo con il quadro, fu sorpresa, nel golfo di Policastro, da una tempesta. Maria, ch'è la «Stella del mare», salvò l'imbarcazione dal naufragio; pareva «aver Maria della Catena incatenate le tempeste».

Nel terremoto del 1363, che abbatté Laurignano, il tabernacolo andò in rovina.

La seconda «invenzione» del dipinto si ebbe nel 1431, quando regnava in Napoli la regina Giovanna II d'Angiò-Durazzo e l'arcivescovo di Cosenza era Bernardo Caracciolo. Un mandriano vide un'intensa luce alla quale seguì il rinvenimento del dipinto della Madonna della Catena. Sul luogo fu edificata una cella affiancata da due camerette, in cui prese dimora l'eremita Cassiano, che tenne in custodia la sacra immagine fino alla sua morte (1471), causata da una pandemia di «male arrabbiato», che si sviluppò da Fiumefreddo fino a Gaeta.

Nella Pretoria di Tessano, Puzzano e Laurignano, si diede ordine di bruciare i cadaveri e, per non dare alle fiamme il quadro, frate Cassiano lo «fabbricò dentro un muro della cappella», preservandolo da eventuale profanazione.

Nel 1831, frate Raffaele Falcone di Grimaldi, fratello di Don Francesco Saverio, parroco di Laurignano, prese l'abito eremitico con il nome di Frate Benedetto. Egli andò ad abitare l'antico romitorio di *Santa Maria Assunta* (in un podere appartenente ai signori De Niccoli). Due anni dopo, egli scoprì fra le mora della cappella il quadro che tuttora è in onore sull'altare del Santuario di Laurignano.

Nel 1852, Fra Benedetto fu autorizzato a costruire un nuovo eremitaggio e a sostituire l'antico titolo dell'Assunta con quello della Catena. Di conseguenza la tela subì delle ridipinture, «tranne sul volto della Madonna» (Giustina Aceti). Frate Benedetto Falcone fondò l'istituto degli Eremiti per porre la Cattedra del Vangelo tra la gente priva d'istruzione, perché quando la moltitudine di tanti contadini non va a Cristo, bisogna che Cristo vada a loro. Della suddetta istituzione Padula dice:

«È opera voluta da Dio; né senza ragione Maria della Catena ha resa miracolosa la sua Immagine. Regina del mondo, Ella può operare, ed opera i suoi prodigi su tutte le parti; i quali (prodigi) non dipendono da questa o quella tavoletta colorata; ma dalla sua pietà e dal suo volere. Però Ella può più specialmente favorire un luogo; può compiacersi di una immagine meglio che di un'altra; e perché? Perché quel luogo e quell'immagine furono forse santificati da uomini pietosi, di cui la memoria è estinta, e vissero devoti al culto di Lei».

Aggiornando lo scritto di Padula, si ricorda che il culto della Madonna della Catena, coronata di gloria dagli Angeli, è stato divulgato da Laurignano fino in Canada. I Padri Passionisti, nella basilica affrescata da Lucillo Grassi di Storo (1942), predicano la Passione di Cristo e la dolcezza della figura della Madre, dal cui seno scorre un'abbondanza di grazie sull'umanità.
La Madonna della Catena è raffigurata mentre allatta il Bambino, che ha una rosa senza spine in mano ed è adagiato su un drappo bianco senza macchia.
Ella è vestita di tunica rossa su cui ricade un ampio manto azzurro, ornato sulla spalla sinistra di una stella, luminoso simbolo di virgineo candore.

RITORNO A CASA

Guardando alla storia, Padula ricompose le attività, gli usi, le antichità, i documenti nel mosaico geografico di *Calabria prima e dopo l'unità* (raccolto «postumo» in due volumi da Attilio Marinari).

Egli si segnalò come panegirista nell'*Orazione funebre per Mariantonia Falcone* (Napoli, 1874). In una lettera spedita da Napoli (21 dicembre 1876), egli lamentò che il posto nella scuola normale, che avrebbe accettato con piacere, fu dato «a Zumbini» di Pietrafitta (ma Padula lo appella «di Cosenza»). Padula inviò da Napoli (domenica 7 aprile 1878) alcuni sonetti al fratello Umile per domandargli se essi potessero «dispiacere in Acri» e per raccomandargli di non farne parola per evitare il malocchio. Padula oltre che superstizioso era anche poco coraggioso. Nel novembre del 1878 si trasferì a Parma per insegnare letteratura latina all'università. Nella città emiliana si trattenne due anni per tornare di nuovo a Napoli (1881) a cambiamento d'aria.

Spossato per la malferma salute e assalito da scrupoli religiosi, Vincenzo Padula si ritirò per sempre in Acri. Luigi Reina asserisce che egli seppe accordare le sue due nature: quella del prete che segue il dettato evangelico della carità e dell'amore del prossimo, e quella laica dell'indagatore di costumi. In Acri, Padula si diede alle letture ascetiche e alla meditazione spirituale e si consegnò alla misericordia divina. Raramente usciva dalla stanza del suo palazzotto per andare a passeggio. Don Luigi Pancaro andava a confessarlo settimanalmente, accompagnato

da un chierichetto, che sarà il poeta Biagio Autieri, che frequentò il liceo, detto allora «alta latinità», ma dovette uscire dal seminario e ripiegare sull'insegnamento elementare per avere accusato quattro sorelle di essere «leggere» e «pettegole». Vincenzo Padula cessò di vivere l'8 gennaio 1893.
Vincenzo Julia, suo amico e biografo, tenne l'elogio funebre, che fu pubblicato da *L'Avanguardia*.

Acri, 9 Gennaio 1893.
La giornata si annunzia splendida, dopo le nevi cadute - e fa un doloroso contrasto con la funebre cerimonia per Vincenzo Padula. Anche questo sole d'inverno vuol salutare col suo sorriso il vecchio poeta, che se ne va a dormire in camposanto, dopo una vita di lotte e di dolori, dopo aver toccato, qui e altrove, le più tenere corde della sua lira, dopo di aver creato con la potente fantasia i tipi più leggiadri di femminile bellezza, che rimarranno quali gioielli della nostra poesia.
Dovevate vedere il cantore della Sambucina steso sul letto di morte, nella camera delle sue sofferenze! Dovevate contemplare quella fronte, quelle gote, quelle mani bianche, per prorompere in calde lacrime! Egli era vestito degli abiti sacerdotali - e tutti che lo visitavano, rimanevano commossi a quella vista…
Dall'aperta finestra, veniva un raggio di luce sul letto del grande estinto, quasi volesse - ma invano! - riscaldare quelle membra agghiacciate e rendere più bella la testa di uno dei nostri più originali poeti…. E ricordai allora tutt'i giorni, in cui ero stato a visitare il Padula; tutte le sue parole, tutti i consigli di affettuoso maestro. - Senti - mi disse una volta che lo trovai leggendo le sue "Prose giornalistiche" - non meravigliarti se mi vedi fra le mani,

dopo tant'anni, un mio libro: io penso a correggerlo di nuovo. - A correggerlo? - soggiunsi. - Sì, perché un libro, secondo me, si fa tre volte: quando si scrive, quando se ne rivedono le bozze, e quando, pubblicato, si rilegge dallo stesso autore.
Vicino al suo letto, posavano molti volumi sacri e letterari. Orazio era uno dei suoi compagni prediletti - e spesso ne voleva letta da me qualche ode. Come gli scintillavano gli occhi a quella lettura! E fatto a un tratto pensoso, mi diceva: - Leggi. *Diffugere nives, redeunt jam gramina campis…* Ed io leggevo - e una lacrima ne velava le pupille, al sentire: *Nos, ubi decidimus, quo pater Aeneas, quo Tullus dives et Ancus, pulvis et umbra sumus!...* Vincenzo Padula riposava nell'asilo inviolabile della sua Acri, situata tra l'immenso acrocoro della Sila, «inalberata di pini, ricchissima di acqua, copiosa di pascoli».

Luigi Ferarri, un giovane promettente che lasciò a 22 anni la vita terrena, compose una nenia (*rièpitu*) per la l'anima di Padula.

Ma, diceme, gran mente litterata,
Dice: picchì partisti all'autru nunnu,
Lassannu tanta gente scunsulata,
Nuovu Ariostu de sapienza funnu?...
Cà te so figli "A notte de Natale",
La "Prutugiva" ccu lla "Sammucina",
E "Valentinu" chi 'nu riegnu vale,
E chill'"Apucalissi", ch'è divina,
L'"Uorcu", lu "Bruziu" e lu "Tilaru", tricchiti,
E l'urtimella, "Mariuzza Sbriffiti"!

Vincenzo Selvaggi mostrò, nei versi sciolti del *Canto a Padula*, l'eredità spitituale e culturale lasciata dal prete di Acri:

Per me muti fortuna a suo capriccio
Sarò qual sono, e se pur fia che il poco
Crine s'imbianchi mai, se al bastoncello
Fia che mi appoggi con l'antico fianco,
E avrò rugoso il volto, e chino il capo,
Allora sol che di memorie vivo,
E sospiroso guarderò lontani,
Come sogni leggieri, i dì passati,
Che in me di morte desteran desìo;
Allora a me d'intorno affolleransi
I miei vispi nipoti, e chiederanmi;
Che festi, babbo, nell'età tua prima?
Tu forse allor sarai lontano, ond'io
Dal cuor traendo un memore sospiro,
Ratto di te lor parlerò, che grande
Dirò ti appella Italia nostra, e tutti
Avviveransi i miei fugaci spirti
A te pensando, o vecchio amico mio!
Ma qui novella mi faranno inchiesta,
E allor sollevando i disseccati
Miei lumi al Cielo, brancicando andronne
Con la tremula mano, e i volumi
Tenterò polverosi, e poiché al tutto
Conoscerò le Monacelle tue:
Ecco, dirò, miei figli! ecco, leggete!

UNO STUDIO E UNA LETTERA INEDITA

Uno studio particolare su Vincenzo Padula poeta e prosatore fu fatto da Stanislao De Chiara, che lo pubblicò come prefazione del poemetto *Il monastero di Sambucina novella calabrese* (riedito a Cosenza da Brenner) e lo dedicò a Benedetto Croce, «con sentimenti di ammirazione ed amicizia profondi».

De Chiara partì dal giudizio crociano secondo cui Padula fu «un vero temperamento poetico e un ingegno variamente e riccamente dotato dalla natura». De Chiara accennando alle deplorevoli condizioni economiche e morali della Calabria, ritenne che esse non furono «ostacolo» ma la «causa» della fioritura letteraria nella regione, poiché «quelle miserie *reali*

«offrivano alla poesia di quel tempo il naturale contenuto, e la tenevano lontano così da quel vuoto classicismo agonizzante in Napoli, come dalle vane sentimentalità del Romanticismo di moda, ma già invecchiato e infrollito».

De Chiara scrisse che l'anima di Padula fu signoreggiata dalla «donna», piena di vita, di salute e di forza, spirante voluttà «da tutta la persona florida e gagliarda». La natura per Padula non era popolata da spettri e fosche visioni, ma era piena di luce, di canti di uccelli, di mormorii di acque correnti, di magica bellezza. Dissertando sul libero rifacimento dell'*Antonello*, De Chiara aprì un discorso interessante sul brigantaggio, escludendo un'alleanza ideale fra patrioti e briganti, ma ammettendo che essi si trovarono dalla stessa parte della barricata nel sollecitare le istanze di giustizia sociale. De Chiara considerò l'*Antonello* un «lavoro sbagliato», perché in Padula mancavano o erano scarse le «facoltà drammatiche». Pertanto, affermò: «Egli era ingegno più particolarmente lirico, con rare attitudini pittoriche; ma concepire una vera e propria azione drammatica, non era da lui. Non è lontana forse dal vero l'ipotesi che gli mancasse la conoscenza del teatro».

De Chiara attesta che gli scritti sopra «lo stato delle persone in Calabria», che a molti parvero «un vero capolavoro d'arte», si leggono «con grande profitto e diletto» e che le poesie dialettali «sono mirabili di evidenza e freschezza, vanno sulla bocca di tutti». Ritenendosi debitore non di Padula commediografo, ma piuttosto di Padula sociologo, De Chiara riscontrava che la *Protogea* era macchiata non da «qualche vizio» ma era «tutta un'aberrazione». Bonaventura Zumbini esponeva alcune perplessità sul lavoro critico di o De Chiara, in una lettera *inedita*, che si conserva manoscritta nella Biblioteca Civica di Cosenza:

«Molte cose mi sono piaciute in questo lavoro; ad es. ciò che si dice nel capitolo VI (p. 38 e segg.) sull'animo del Padula e sulle sue condizioni intime: le osservazioni, nel cap. III (p. 16 e segg.) circa lo essere stato egli ariostesco, e non soltanto nella forma. Oltre a queste e a simili osservazioni che mi sembrano nuove, concorra nel concetto generale che il critico ha del poeta; il che, se egli tiene al mio giudizio, dovrà fargli piacere. Ma non posso dire di essere appieno contento di tutto il lavoro; e non sono, non tanto per ciò che possa parermici di men buono, quanto per ciò che gli manca. Gli manca una notizia sufficiente del romanticismo, perché se ne possa arguire quanto e come gli aderisse il Padula. Poiché da altri si è tanto su ciò

insistito, bisognava venire a prove di fatto. Gli manca pure, o vi è insufficiente lo studio dello stesso poeta in relazione alle tradizioni agli esempi classici ch'egli maggiormente aveva seguito. Il lavoro poi mi pare troppo a base di impressioni. Certo queste hanno il loro valore in un critico non volgare, quale è quello di cui qui si tratta; ma non dovrebbero essere la sostanza del lavoro o almeno non troppo scarse di quegli elementi storici che possono farle accettare almeno in parte anche a quelli che all'impressionismo sono più avversi. Del resto, forse parlo anch'io per impressioni e l'autore deve dunque non far delle mie parole maggior conto che non ne faccia io stesso. Ringrazio di quanto mi si dice del volume ricevuto. Desidererei molto che anche costà potesse avere una discreta diffusione... Tanti affettuosi saluti.

B. Zumbini».

Vincenzo Gallo di Rogliano (1811-1865), detto il chitarraro, affrancatosi dal bisogno e dalla povertà, salì sul monte Elicona e traspose nel suo dialetto il sonetto di Padula «Se fossi mago». La traduzione è tratta da un manoscritto originale:

Ventu si fossi Magu eu me facerra
E lla gunnella tua pampuijerria,
Stu iancu e russu pettu liccheria
E ccu llu iatu tuoi lu meu mischerra.

Se fossi un ma…! La luci diventerra
Che t'arda, quannu dormi, gioia mia;
Chiusu e civatu a nna caggia de tia,
Riscignolicchiu tuoi me tramuterra.

59

Diventeria na neglia e llu matinu
Tàffiti, intra de tia quannu cuglissi
Li iuri a primavera a llu jardinu.

De mammata luntanu nne mpurrissi
N'aria, nu ventarellu furfantinu
E a stu magaru tuoi poi cchi dicissi?

Vincenzo Padula si urtò, lo rimproverò apertamente, e lo definì persona presuntuosa e sciocca: «Si na croscha, chiaru chiaru e biellu, / ca na 'nticchia non hai tu de cerviellu / né cancaru sai de magarìa». Gallo fu un dignitoso verseggiatore dialettale, ma non ebbe il forte respiro poetico del prete di Acri.

BIBLIOGRAFIA

CARDUCCI C., *L'Apocalisse di V. Padula*, in «La Nazione», e in *Cenere e faville*, Bologna 1891.

DE SANCTIS F., *La Letteratura italiana del secolo XIX (scuola liberale-scuola democratica)*, Napoli, 1897.

DE CHIARA S., *Della poesia di Vincenzo Padula*, Cosenza, 1903.

CROCE B., *La letteratura delle nuova Italia*, Bari, 1914.

MUSCETTA C., *Introduzione a Vincenzo Padula*, in *Persone in Calabria*, Milano 1950.

VOLPE F., *Cultura e giornalismo dopo l'Unità: Vincenzo Padula e «Il Bruzio»*, in «Cronache calabresi di politica e cultura», a. VIII, 1968.

COSTANZO G., *Vincenzo Padula. Calabria di sempre*, Roma-Milano, 1971.

BOSCO U., *Pagine calabresi*, Reggio Calabria, 1975.

JULIA G., *Padula Julia Greco. Tre grandi poeti di Calabria*, Cosenza 1976.

NAPOLILLO V., *Ideologia e letteratura di Vincenzo Padula*, Chiaravalle Centrale, 1980.

JULIA V., *Vincenzo Padula*, Cosenza, 1981.

MARINARI A.- MANCINI M., *Leggere nel tempo, Antologia italiana per il biennio*, Bari, 1981.

SANSONE M., *Storia delle Letteratura italiana*, Milano, 1982.

GODINO F., *Vincenzo Padula. Vita-opere-poesie*, Cosenza 1982.

DI BENEDETTO I., *Poesie religiose di Vincenzo Padula scelte e annotate*, Cosenza, 1984.

REINA L., *Vincenzo Padula*, Reggio Calabria, 1985.

NAPOLILLO V., *Aspetti della personalità e della poesia di Padula*, Bisignano, 1986.

PIROMALLI A., *Storia della letteratura italiana*, Cassino, 1987.

MARINARI A., *Romanticismo calabrese. Saggi presentati e annotati*, Marina di Belvedere, 1988.

NAPOLILLO V., *Padula nella letteratura*, Cosenza, 1991.

FERRONI G., *Storia della letteratura italiana dall'Ottocento al Novecento*, Torino, 19991.

FIAMMA G., *Bibliografia critica essenziale*, Acri, 1993.

CRUPI P., *Storia delle letteratura calabrese. Autori e Testi*, III *Ottocento*, Cosenza, 1995.

PIROMALLI A., *La letteratura calabrese*, I, Cosenza, 1996.

PIROMALLI A.- CHIODO C., *Antologia della letteratura calabrese, Cosenza*, 2000.

FIAMMA G., *Vincenzo Padula a cento anni dalla morte*, Quaderno n. 1 della Fondazione «V. Padula", Acri, 2001.

ABBRUZZO G., *Don Vincenzo e il "teologo"*, I quaderni della Fondazione n. 5, Acri, 2003.

TUSCANO P., *Alla ricerca del tempo felice*, Soveria Mannelli, 2014.

Indice

POESIA E PROSA DI VINCENZO PADULA..7

LA NOVELLA IN VERSI..11

UCCISIONE DEL FRATELLO GIACOMO..17

L'ORCO E SIGISMINA..19

IL BRUZIO..23

PADULA LATINISTA..29

POESIE..33

POESIE DIALETTALI..41

IL CULTO DELLA MADONNA DELLA CATENA..49

RITORNO A CASA..53

UNO STUDIO E UNA LETTERA INEDITA..57

BIBLIOGRAFIA..61